SOCIÉTÉ HISTORIQUE DE COMPIÈGNE

DESCRIPTION

DES

FOUILLES ARCHÉOLOGIQUES

Exécutées dans la Forêt de Compiègne

Sous la Direction de M. Albert de ROUCY

Par V. CAUCHEMÉ

Inspecteur du Palais de Compiègne en retraite

Membre Titulaire de la Société Historique de Compiègne

QUATRIÈME PARTIE

COMPRENANT

Les Fouilles de Champlieu et des Tournelles

COMPIÈGNE

IMPRIMERIE DU PROGRÈS DE L'OISE

17, Rue Pierre-Sauvage, 17

1912

QUATRIÈME PARTIE

FOUILLES DE CHAMPLIEU ET DES TOURNELLES

PLAINE DE CHAMPLIEU

PLAINE DE CHAMPLIEU

Notre mission se bornant à résumer les travaux archéologiques exécutés sous la direction de M. Albert de Roucy, nous ne devrions pas parler du théâtre et du temple gallo-romains mis à jour dans la plaine de Champlieu, puisque ces monuments ont été explorés sous la surveillance de Viollet-le-Duc et que, seul, l'emplacement des bains antiques a été fouillé par les soins de M. de Roucy (voir planche II). Cependant, nous ne pouvions entreprendre notre exposé sans donner quelques indications sur l'origine de ces importantes ruines, et nous avons pensé qu'il serait intéressant de citer quelques passages d'une notice publiée en 1860, par le savant architecte qui venait de commencer la restauration du château féodal de Pierrefonds :

« La chaussée romaine, dite de Brunehaut, venant de Soissons et se dirigeant vers Senlis, passe sur le plateau du Nord-Est au Sud-Ouest et longe l'enceinte extérieure Sud du temple. Une autre voie existe le long de cette enceinte et paraît se diriger du côté de Verberie. A quatre-vingts mètres de la chaussée Brunehaut, vers le Sud, s'élève le théâtre. Des enceintes, dont nous avons retrouvé les fondations, réunissaient le temple au théâtre. Un *vallum*, qui sert de limites à la forêt de Compiègne, est encore visible, et on en retrouve les traces sur le plateau. Vers le Sud, au sommet d'une pente peu prononcée qui descend jusqu'à la petite rivière d'Automne, des amas de moellons, recouverts de broussailles, percent le sol et masquent encore probablement des fondations de constructions assez importantes. La situation de cet établissement est admirable, elle domine tous les alentours et forme la plus belle assiette de camp qu'il soit possible d'imaginer. . . . .

« Le théâtre romain, dont nous voyons les gradins inférieurs, les soubassements du *pulpitum*, l'orchestre et la branche d'égout, était, autant qu'on en peut juger par les restes apparents, une assez pauvre construction élevée en gros matériaux, mais mal taillés et médiocrement assemblés. Cependant, ce théâtre dut servir assez longtemps, car les dernières marches, qui de la scène descendaient dans l'orchestre, sont encore en place et fort usées. A voir le profil grossier qui sert de socle au *pulpitum*, on ne peut faire remonter ce théâtre au-delà du troisième siècle ; or, il a dû être détruit deux cents ans environ après sa construction. »

Viollet-le-Duc poursuit sa description et établit que ce théâtre a dû être utilisé à l'époque mérovingienne, d'après certains remblais mis à jour au moment des travaux d'exploration ; son opinion est confirmée par les maçonneries extérieures formant contreforts sur la face circulaire du monument, la taille des moellons en arêtes de poissons semble indiquer l'époque mérovingienne.

Avant d'aborder le temple de Champlieu et de continuer le récit de Viollet-le-Duc, il faut remarquer que, vers 1850, le propriétaire du terrain occupé par ce monument, M. de Seroux, fit fouiller superficiellement, et pour son compte, une partie du sol du temple. Les plus beaux fragments de sculptures mis à jour furent alors transportés dans le parc du château de la Motte, près d'Orrouy, propriété de M. de Seroux, où ils sont encore exposés. A la même époque, M. Marneuf, artiste-sculpteur, fit le relevé très exact des principaux morceaux d'architecture et de sculpture. Ses dessins forment un album des plus intéressants qui est devenu la propriété de la Société historique. Nous en avons extrait les planches XVIII à XXVI.

Revenons à Viollet-le-Duc : « Nous ne discuterons pas », dit-il, « l'âge et l'acte de fondation du temple de Champlieu, qui est bien gallo-romain, élevé en l'honneur d'une divinité païenne, d'Apollon peut-être. Ce temple est prostyle, c'est-à-dire qu'il se compose d'une nef quadrangulaire avec un portique sur la face orientale, bâti au sommet d'un emmarchement. L'aire intérieure du temple est élevée d'un mètre quatre-vingts centimètres au-dessus du sol extérieur . . . .

« Ce temple était entouré d'un petit portique dont on voit encore les fondations. Un large caniveau de pierre, encore en place, recevait les eaux du toit à la base du stylobate, sur lequel reposait l'ordonnance. Ce stylobate, composé probablement de pierres simplement équarries, sans ornements, fut démoli pour en utiliser les matériaux dans quelque édifice du moyen âge. tandis que les colonnes engagées, les pilastres d'angles, les frises, les corniches et chapiteaux couverts de sculptures, étant par conséquent d'un emploi moins facile, restèrent sur le sol, et se sont conservés jusqu'à nos jours. Sur les fragments des gros pilastres d'angles, on retrouve des figures, et entre autres un Prométhée et un Icare précipité du ciel. Sur un morceau de frise, on voit une femme drapée assise, tenant sur ses genoux le corps d'une jeune fille morte ; peut-être la figure assise est-elle une Niobé ; puis des têtes de griffons. Ces sujets nous ont fait penser que le temple était dédié à Apollon. Mais il faut dire aussi que l'on remarque un assez bon nombre d'animaux marins ; une syrène, des armes. Les fûts des colonnes engagées sont couverts d'écailles, de feuillages, d'imbrications, de rosettes enfermées dans des compartiments carrés ou losangés. Il ne reste que deux fragments d'inscriptions ; sur l'un, on lit, au-dessus d'une tête d'homme ....VMIO ; sur l'autre, au-dessus d'une tête de femme coiffée d'un diadème, ROM.... Les premières marches du perron sont encore en place et profondément calcinées par le feu ; sur l'aire du temple, on a trouvé des lingots de plomb fondu, des tuiles, des fragments de marbre, de serpentin et même de porphyre, des tablettes en liais, des charbons, des clous de bronze et des fragments de vases de même métal. En avant du degré, on remarque des dés de pierre posés sur le sol, sans fondations. Ces dés paraissent avoir été placés là pour recevoir un dallage de grandes pierres. Ce quin-conce de dés est bordé par deux morceaux de murailles. Nous ne sommes pas certains que la *cella* fût précédée d'un péristyle, car les colonnes isolées que nous avons trouvées en assez grand nombre autour du temple sont d'un trop faible diamètre pour avoir appartenu à ce péristyle et proviennent du portique ; elles étaient surmontées de chapiteaax étranges. On voit déjà, dans cette sculpture, percer le goût de l'époque romane, et ces chapiteaux servent de transition entre la sculpture romaine et celle des premiers temps du moyen âge. L'ornementation est toute romaine, et dans la sculpture barbare de ces têtes on sent l'influence gauloise.

« Le temple de Champlieu était certainement couvert par une char-

pente lambrissée, car jamais ces murs minces n'ont pu porter une voûte ;
cette charpente se composait de deux rampants avec deux frontons, les
fragments de ces frontons étant assez nombreux. On remarque même les
restes d'un fronton circulaire qui, peut-être, comme dans beaucoup
d'édifices des bas temps, couronnait la porte ou le péristyle. La nef était
décorée de sculptures à l'intérieur, puisque quelques fragments des piles
d'angles conservent encore leurs ornements à l'intérieur comme à l'extérieur ; et, fait à noter, toutes les sculptures extérieures étaient peintes
en blanc, en jaune ocre, avec traits en brun rouge pour accentuer les
contours.

« Il est difficile de composer avec le plan de cet édifice et l'ordonnance des colonnes engagées un ensemble d'une proportion heureuse,
aussi ne pensons-nous pas que le temple de Champlieu fût un
chef-d'œuvre d'architecture ; ce n'en est pas moins un des monuments
les plus curieux du Nord de la France.

« Le ministère d'Etat et de la maison de l'Empereur a fait exécuter
ces fouilles sous la direction de la Commission des Monuments histo-
riques, et les terrains acquis par l'Etat, soigneusement enclos, garantissent
ces ruines précieuses de nouvelles dévastations. Quelques portions de
murs ont seulement été consolidées dans le théâtre pour arrêter leur
dégradation ; mais ces reprises ont été faites de manière qu'il est facile
de distinguer les restaurations au milieu des parties anciennes. »

Après avoir cité Viollet-le-Duc, nous devons mentionner aussi les
brochures de Peigné-Delacourt (1858, 1859 et 1860), qui donnent des
détails plus circonstanciés sur l'origine et la destination du théâtre et du
temple.

Arrivons maintenant à la description des fouilles des thermes de
Champlieu, exécutées, de 1862 à 1868, sous la direction de M. Albert
de Roucy. Le plan de ces bains antiques (voir planche III) a été reproduit
à une plus grande échelle que le plan général, de manière à faciliter
l'indication des détails de cette intéressante construction[1].

Cet établissement, situé à trente mètres du mur circulaire du
théâtre, côté du Sud-Est, forme un rectangle de cinquante-trois mètres .

---

1. Une notice, publiée en 1867 par Peigné-Delacourt, donne également des renseignements sur
l'hypocauste de Champlieu.

e longueur sur vingt-trois mètres de largeur, soit une surface de douze
nts mètres environ. Par leur ensemble symétrique et régulier, les bains
e Champlieu offrent un certain aspect architectural et décoratif que l'on
ne rencontre pas dans les constructions analogues des stations gallo-
omaines du Mont-Berny et de la Carrière-du-Roi, dans la forêt de
Compiègne. Le chauffage à air chaud du *Sudatorium* et du *Tepidarium*
st toujours établi sur le même principe : un foyer chauffé au bois, des
sous-sols pour le passage de la fumée et de la chaleur avec plancher en
béton soutenu par des piliers isolés en carreaux de terre cuite. Plusieurs
assins ou baignoires en ciment sont ménagés au pourtour des salles.
Les murs sont construits en petits moellons taillés régulièrement et
enduits en mortier de ciment sur les deux parements. On remarquait
également à l'intérieur, au moment du déblaiement, des enduits peints
de différentes couleurs, avec ornementation de fleurs et de feuillages
encadrés de filets ; plusieurs couleurs avaient encore conservé un vif
clat, notamment le rouge, le jaune et le vert. La hauteur des murs restés
ebout avait, en moyenne, un mètre au-dessus du sol extérieur.

Avant de commencer la description de chacune des salles, nous
rappellerons, à titre de renseignement sur les moyens de chauffage des
thermes antiques, le travail du général Morin, dont nous avons cité un
extrait dans la description de l'établissement de bains découvert à la
Carrière-du-Roi, forêt de Compiègne. (*Deuxième partie des fouilles
archéologiques, page 67*).

A. — Entrée principale formant péristyle avec cour carrée, entourée
de colonnes sur trois côtés. Les douze socles en pierre des colonnes
isolées étaient encore fixés au sol et plusieurs fûts, rencontrés dans les
décombres, avaient leur base moulurée. Le sol des galeries était complè-
tement dégarni de son dallage en pierre et une aire en mortier recouvrait
simplement la cour centrale.

B. — Du portique on entre dans la salle d'attente B par deux portes
placées chacune dans l'axe des galeries. La base des murs était bien
conservée et le sol bétonné ne portait aucune trace de dallage en pierre ;
on remarquait seulement quelques morceaux de caniveau en maçonnerie
dans l'épaisseur du béton ; ce caniveau facilitait l'écoulement des eaux
à l'extérieur. Cette salle, de 21^m sur 4^m75, devait servir de vestiaire : aux

extrémités, deux ouvertures donnent accès dans les cours de service. Pour pénétrer dans les salles de bains, on descend deux marches en pierre dure.

C. — Salle avec sol en béton recouvert d'un dallage en pierre fine (liais de Senlis), de quatre centimètres d'épaisseur ; sur les enduits des murs, quelques traces de peinture avec filets. Un petit massif ou banc en maçonnerie existait le long du mur à gauche de l'entrée ; quelques fragments de marbre ont été rencontrés dans les décombres.

D. — Autre salle avec dallage semblable à la pièce précédente et enduits sur les murs. Dans le massif en maçonnerie, à gauche, sont ménagés trois bassins ou baignoires en ciment, deux rectangulaires et un demi-circulaire avec écoulement des eaux. Les salles C et D communiquent par deux larges baies ouvertes dans le mur de refend.

E. — *Tepidarium*. — Grande salle de bains à air chaud aux extrémités circulaires mesurant, dans son ensemble, 10^{m}25 de longueur sur 5^m de largeur ; les enduits sur les murs gardent aussi des traces de peinture. Le plancher en béton de 0^{m}14 centimètres d'épaisseur est supporté par des piliers isolés en terre cuite de chacun 0^{m}20 de côté : une grande partie de ce plancher était effondrée au moment des fouilles, les fragments conservés se trouvaient au droit des murs circulaires, une couche de stuc d'un centimètre d'épaisseur recouvrait toute la surface du béton conservé. Le long des murs, à la hauteur du plancher, il a été rencontré des tiges en fer fixées dans la pierre et chacune de ces tiges était garnie d'un petit tube ou fourreau en terre cuite. A gauche, dans la partie circulaire, un massif en maçonnerie supportait un bassin ou baignoire en ciment de forme rectangulaire ; ce bassin était chauffé au moyen d'un foyer spécial dont l'entrée se trouve sur la cour de service.

F. — *Sudatorium*. — Autre salle de bains à air chaud, encore plus grande que la précédente, mais n'ayant qu'un seul côté circulaire : les enduits sur les murs sont également ornés de peinture. Au milieu des substructions se trouvait une vasque en pierre dure de 1^{m}60 de diamètre, dont nous donnons le dessin planche IV ; un petit tube en bronze, rencontré près de cette vasque, donnait passage à un jet d'eau.

Le sol des galeries souterraines de ces deux salles était recouvert en grande partie de résidus de cendres, de débris de béton, d'enduits en ciment et de morceaux de tuiles romaines.

G. — Foyer principal de l'hypocauste construit en pierres et briques calcinées par le feu ; de chaque côté du foyer, un magasin était réservé pour les dépôts du combustible. Toute cette partie des constructions était en très mauvais état au moment de l'exploration et le sol était jonché de résidus de cendres et de charbon de bois.

II. — Salle annexe avec sous-sol chauffé comme dans les grandes salles E F ; un foyer spécial était ménagé dans la maçonnerie pour alimenter cette pièce de dimension plus restreinte.

Deux prises d'air étaient creusées dans le sol de l'une des cours entourant le bâtiment des bains.

En dehors du mur d'enceinte des thermes, à environ dix mètres de distance, et du côté du foyer principal, les travaux d'exploration ont mis à jour des débris de margelle et l'orifice d'un grand puits qui n'a pu être fouillé en raison de sa profondeur.

Les monnaies en bronze, de modules différents, recueillies dans le déblaiement de l'hypocauste, et dont le nombre s'élève à deux cents environ, étaient aux effigies des empereurs et impératrices depuis Auguste jusqu'à la fin de l'empire romain, c'est-à-dire du Ier au IVe siècle.

Ajoutons que les travaux de recherches exécutés dans la plaine, à peu de distance du théâtre et des bains de Champlieu, ont mis à découvert plusieurs habitations de l'époque gallo-romaine, dont quelques-unes, les plus intéressantes, ont déjà été décrites dans la deuxième partie de notre publication (caves n°s 8, 9 et 10). Ces fouilles, dans la plaine, présentaient certaines difficultés, en raison des ensemencements et du travail des récoltes ; mais nous devons dire que les fermiers se sont toujours montrés obligeants, dans la mesure du possible, pour faciliter les recherches.

Nous rappellerons enfin que la description du cimetière gallo-romain découvert près du prieuré de Champlieu, a été donnée dans la troisième partie de notre travail.

LES TOURNELLES

LES TOURNELLES

(Forêt de Compiègne)

La planche X donne une vue perspective d'un *Sacellum* découvert, en 1862, dans les fouilles exécutées au lieu dit « Les Tournelles », près du carrefour de ce nom, et aux abords de la route du Cor. La lisière de la forêt, bordant la plaine de Champlieu, se trouve à une distance de soixante mètres environ de la station gallo-romaine des Tournelles.

Ce petit monument, consacré au culte païen, construit avec soin, en matériaux bien taillés et parfaitement appareillés, offre un réel intérêt non seulement par son ensemble et sa destination, mais encore par les objets qui y ont été rencontrés. Le périmètre du mur d'enceinte mesure 7^{m}5o de longueur sur 6^m de largeur ; un mur circulaire devant servir d'autel se trouvait au centre et des pierres moulurées, de grand appareil, surmontaient l'assise formant soubassement ; l'entrée principale, de 2^{m}10 de largeur, était également établie en fortes pierres pour la première assise des pieds-droits ; les murs du dessus étaient en pierres de petit appareil ; plusieurs parties de dallage en liais très fin, de Senlis, et de quatre centimètres d'épaisseur, ont été mises à jour, et les revêtements des parements, aussi bien à l'intérieur qu'à l'extérieur, étaient enduits en mortier de ciment et peints ; plusieurs fragments de ces enduits recouverts de peinture ont été transportés au musée de Saint-Germain ; les ornements peints représentaient des fleurs et des feuillages encadrés par des filets et galons jusqu'à la hauteur de la frise, les couleurs étaient encore bien conservées et donnaient une idée de la décoration soignée de ce *Sacellum*. Des restes de sculptures en pierre ont été rencontrés parmi les décombres, ainsi que des morceaux de colonnes.

Ces fragments, tels qu'ils sont reproduits planche XII, sont trop incomplets pour pouvoir déterminer le nom de la divinité honorée dans ce lieu.

Au pourtour de cette construction on a recueilli un grand nombre de débris de vases en terre de formes différentes et de couleurs variées, ainsi que plusieurs fragments de statuettes en terre cuite blanche, dont quelques-uns sont reproduits sur la planche XIII.

Après avoir décrit les restes du *Sacellum*, il convient de donner quelques détails sur les ruines antiques découvertes en même temps au lieu dit « les Tournelles », et dont l'importance paraît constituer un véritable village gallo-romain placé à proximité des monuments de la plaine de Champlieu.

A droite et à gauche de la route du Cor, on rencontre, à la surface du sol de la forêt, un ensemble de constructions antiques ; des fondations en pierres de taille et en moellons, des murs avec caves et descentes en pierre bien établies, des puits, des débris de planchers en ciment, des dallages en stuc et en pierre, indiquent un centre important d'habitations. Au milieu de ces vestiges de matériaux divers, on a trouvé une grande quantité de tuiles romaines brisées et des débris d'enduits en ciment, des meules en granit de différents diamètres, plusieurs morceaux de colonnes en pierre, des fragments de tablettes en marbre, des vases cassés en terre cuite et en verre, des fragments très curieux de vases en terre rouge vernissée ornés de dessins en relief ou gravés, des objets et outils en fer de tout genre, tels que : haches, ciseaux, marteaux, couteaux, clefs et entrées de serrures, des ferrures de portes et des chaînes en fer de toutes les grosseurs ; plusieurs ornements et objets en bronze, des fibules, bracelets, épingles en cuivre et en os, des bagues, etc., etc. Enfin, plus de cinq cents monnaies en bronze, de l'époque romaine, ainsi que quelques monnaies gauloises, ont été rencontrées dans les fouilles, parmi des débris de toutes sortes.

Plusieurs haches en silex poli ont été également recueillies dans les travaux d'exploration.

Nous reproduisons, planches XIII, XIV, XV, XVI et XVII, quelques-uns des objets en question.

EXPLICATION DES PLANCHES

Avant de donner l'explication des différentes planches annexées notre compte rendu, nous ferons remarquer qu'elles ne sont que la eproduction de croquis conservés avec les notes prises au moment des avaux d'exploration, et que tous les objets recueillis dans les fouilles e Champlieu et des Tournelles ont été transportés, après la guerre de 870, au musée des Antiquités Nationales du château de Saint-Germain-n-Laye.

La planche I, s'expliquant d'elle-même, ou à simple examen, et elles II, III, IV et X étant décrites dans le texte, pages 126, 128 et 133, ous n'aurons à nous occuper ici que des planches suivantes. Nous appellerons toutefois, comme nous l'avons dit au commencement de otre exposé, que les planches XVIII à XXVI sont extraites du remar-uable album des dessins exécutés par M. Marneuf, en 1850, lors de la ise à jour des premiers morceaux de sculptures du temple de Champlieu, ar M. de Seroux, propriétaire du terrain à cette époque.

PLANCHE V

Les quelques armes en fer reproduites sur cette planche ont été trouvées dans les terrains avoisinant les bains et le théâtre.

N°s 1, 2 et 3, fers de lances en fer forgé avec douille pour recevoir e manche en bois ; dans l'une des douilles il restait encore un peu de bois conservé par la rouille. — N°s 4 et 5, fragments d'épées dont l'un avec taillant d'un seul côté et rainure, l'autre avec taillant des deux côtés et rainure au milieu. — N° 6, variété de pique en forme de harpon. — N°s 7, 8 et 9, pointes de flèches ou de javelots dont deux munies de douille et l'autre, d'une pointe. — N° 10, hache en fer forgé qui se

rapproche beaucoup de celles rencontrées dans les tombes de l'époque
mérovingienne. — N° 11, mors de cheval. — N° 12 et 15, hippo-sandales
en fer forgé pour la ferrure des chevaux ; chaque fer était fixé au pied
au moyen des deux oreilles rabattues sur le sabot et d'une lanière en cuir
passée à l'entour. — N° 13 et 14, embases de lances avec douille. —
N° 16, petit poignard en fer forgé dont la tige du manche devait être
garnie d'une enveloppe en bois ou en corne. — N° 17, pointe de flèche
en bronze ayant la forme des pointes en silex.

PLANCHE VI

N° 1, fragment de chaîne en fer forgé avec mailles de différents
diamètres. — N° 2, petit plateau de balance garni de quatre anneaux
d'attache. — N° 3, fragment de fléau de balance en fer avec chaînettes
d'attache. — N° 4, 5, 6, 7, 8 et 9, série de poids de balances ou de
fléaux : un en plomb, deux en marbre gris bleuté avec l'indication en
creux des chiffres romains I et X, les trois autres en fer avec fragments
de chaînettes. — N° 10, autre morceau de chaînette en fer formant
mailles en 8. — N° 11 et 13, deux anses de seaux en fer dont un
conserve encore son oreillon d'attache au seau en bois. — N° 12, 14, 15
et 16, crochets ou cercles en fer provenant également de la ferrure des
seaux.

PLANCHE VII

N° 2, vase assez curieux en terre cuite, de couleur rougeâtre, orné
de dessins peints en blanc et rouge formant filets en torsade et points
ronds ; ce vase a dû servir à brûler des parfums ou quelques plantes
odorantes dans les salles des bains ; le goulot a été malheureusement
cassé, mais on a eu la bonne fortune de recueillir le petit couvercle (N° 1)
en terre cuite qui devait fermer l'orifice. Un vase, presque analogue de
forme et d'usage, a été recueilli dans les fouilles de la station antique
du Mont-Chyprès, forêt de Compiègne. — N° 3, lampe en terre cuite rouge
en bon état ; cette lampe a été trouvée dans le déblaiement du péristyle
des bains. — N° 4, bouton de porte en terre cuite grise ; l'intérieur est
creux et on remarque encore les deux trous destinés à recevoir la gou-
pille qui devait être en fer ou en cuivre. — N° 5, passoire en terre cuite
de ton blanchâtre, percée de trous en losange ; cet objet était malheureu-

ment cassé au moment de la trouvaille, mais tous les morceaux en ont
pu être réunis.

PLANCHE VIII

N° 1, miroir en métal poli avec manche en bronze. Cet objet, trouvé
dans les fouilles des bains, était brisé, mais, avec quelques soins, il a
pu être rétabli dans sa forme primitive ; le manche est orné de petits
cercles gravés dans le bronze. Lors de l'exploration du cimetière gallo-
romain du Mont-Berny, dans la forêt de Compiègne, un miroir presque
semblable a été recueilli dans une sépulture avec d'autres objets de
toilette ; des débris de miroirs en même métal ont été rencontrés dans
les différentes stations antiques de la forêt. — N°° 2, 3, 4 et 5, différents
genres de sonnettes en bronze qui devaient être utilisées comme ornements. — N° 6, fibule en bronze, assez bien conservée, garnie de sa
pointe d'agrafe. Une certaine quantité de ces objets, et de formes
variées, a été recueillie dans les fouilles, ainsi que des épingles en os et en
bronze ; une seule épingle était en argent.

PLANCHE IX

Les objets en bronze reproduits dans cette planche ont été trouvés
en dehors de l'enceinte des bains et étaient réunis dans un espace relati-
vement restreint.

N° 1, petite plaquette ornée de dessins gravés qui devait être fixée
sur un vêtement ou sur un morceau de cuir. — N°° 2 et 3, fourreau
reproduit sur les deux faces ; cet objet orné de dessins à jour est assez
curieux : cependant des fragments en bronze, du même genre, ont été
recueillis dans les fouilles exécutées dans le canton de la Bouverie, forêt
de Compiègne. — N° 4, ornement ciselé et à jour qui formait probablement l'extrémité d'un fourreau ou d'une gaîne en cuir ; on remarque sur
la face postérieure une feuillure destinée à recevoir l'épaisseur du cuir,
avec plusieurs points d'attache. Il est bien difficile de préciser l'usage
de ces différents objets, mais nous supposons qu'ils devaient provenir d'un
équipement militaire.

PLANCHE XI

Dessins géométriques du *Sacellum* avec vue extérieure des murs,
coupe longitudinale du monument et plan.

N" 1, 2, 3 et 4, morceaux de colonnes en pierre donnant une idée de la décoration architecturale de l'ensemble de la construction ; tout fait penser qu'une partie de ces colonnes devaient être placées à l'entrée principale, sur les deux socles en pierre ménagés à droite et à gauche des pieds-droits.

PLANCHE XII

Trois fragments de sculptures en pierre trouvés dans les fouilles du *Sacellum*. — N° 1, femme drapée vue de dos ; le morceau du bas donne une partie de la draperie des pieds provenant de la face principale de la statue. — N° 2, personnage adossé contre un pilastre, accompagné d'un animal, probablement un chien. — N" 3, autre fragment de personnage nu, avec manteau jeté sur l'épaule gauche. Ce morceau de sculpture se trouve également refouillé en demi-bosse sur un fond de pilastre. Toutes ces figures sont de grandeur naturelle.

PLANCHE XIII

Statuettes en terre cuite blanche trouvées près du *Sacellum*. — N° 1, déesse-mère assise, allaitant deux enfants, la tête manque. Ce motif de divinité a été fréquemment rencontré dans les fouilles de la forêt. — N" 2, Vénus sortant du bain. — N° 3, fragment très mutilé d'une tête de divinité dont la chevelure et le cou sont ornés de peinture. — N° 4, fragment de statuette ne donnant que les deux pieds chaussés de sandales et posés sur un socle rond ; des traces de peinture sont encore visibles sur les pieds et le socle. — N" 5, morceau d'un petit temple encadré de colonnes avec divinité au milieu. — N° 6, fragment de statuette revêtue de ses vêtements. — N° 7, main en terre cuite provenant d'un personnage de grandeur naturelle.

Plusieurs statuettes du même genre ont été rencontrées dans les fouilles du temple de la station gallo-romaine du Mont-Berny, forêt de Compiègne.

PLANCHE XIV

Types de vases en terre cuite, malheureusement brisés pour la plupart, notamment ceux en terre rouge vernissée avec ornements en relief ou gravés.

N" 1 et 2, deux bouteilles en terre rouge garnies chacune de leur

nse : ces objets étaient en bon état. — N° 3, petit plat ou bol en terre
ouge vernissée, dont les bords sont ornés de feuilles en relief. — N° 4,
vase en terre grise en forme de gobelet, avec panse garnie de parties
creuses pour en faciliter la prise ; ce vase contenait une dizaine de
monnaies romaines en bronze, petit module, au moment de sa découverte.
— N° 5, petite bouteille en terre rougeâtre avec anse ; on remarque sur
e vase quelques traces de filets peints en blanc.

PLANCHE XV

Objets en verre rencontrés dans l'ensemble des fouilles des Tournelles ; quelques-uns ont pu être recueillis intacts, mais en général les
vases en verre sont en morceaux au milieu des décombres.

N° 1, verre dont la forme est généralement appelée gobelet ; ce vase
était bien conservé, avec patine irisée. — N° 2, petite bouteille ronde,
sans pied, ornée de deux anses ; un vase en verre absolument semblable a été rencontré dans les fouilles de la station gallo-romaine du
Mont-Chyprès, forêt de Compiègne. — N° 3, petit vase également sans
pied. — N° 4, morceau de vase dont la face extérieure était gravée d'ornements refouillés dans l'épaisseur du verre ; les vases gravés sont assez
rares. — N° 5, anse de grande bouteille en verre. — N°s 6 et 7, deux morceaux de vases en verre avec ornements en relief. — N°s 8 et 9, fragments
de bracelets en pâte de verre de couleur noire. — N°s 10, 11 et 12, grains
de collier également en pâte de verre de couleur vert d'eau ; ces grains
de collier ronds, percés d'un trou au milieu, sont ornés de côtes sur la face
extérieure. — N° 13, grain de collier en saphirine, matière plus fine que
le verre et d'un ton transparent un peu rosé.

PLANCHE XVI

Objets en bronze ayant servi aux fermetures des serrures de portes,
coffrets et meubles divers.

N° 1, clef très curieuse, tant par sa forme que par la multitude des
pointes de sûreté qui devaient compliquer le fonctionnement du méca-
nisme de la serrure ; la poignée est terminée par un anneau d'attache ;
cet objet était cassé en deux morceaux au moment de la trouvaille. Une
clef pour ainsi dire semblable a été rencontrée dans les fouilles du Mont-

Berny. — N° 2, entrée de serrure qui devait être fixée sur un coffret ou petit meuble. — N° 3, clef en forme de bague ; plusieurs de ces clefs, destinées à être portées aux doigts, ont été trouvées dans les différentes stations antiques de la forêt. — N° 4, autre clef de petit meuble. — N° 5, autre entrée de serrure pour un meuble encore plus petit que celui du n° 2. — N° 6, autre modèle de clef, avec poignée garnie d'un bout de chaînette ; ce genre de clef, très simple, devait être employé pour soulever simplement un loquet. — N° 7, clef avec poignée artistement travaillée, et représentant une tête de chien sortant d'un motif à quatre feuilles ; un anneau est également réservé sous la tête de l'animal pour servir de point d'attache ; la partie servant à l'ouverture est en fer. — N° 8 et 9, deux plaques d'entrées de serrures, dont l'une, de forme carrée, avec ornements repoussés, et l'autre, circulaire, avec ornements ciselés.

PLANCHE XVII

N° 1, poignée de meuble formée de deux dauphins accouplés par la tête ; cette poignée était fixée au moyen de deux tiges recourbées. — N° 2, petit anneau de meuble ou de tiroir, fixé de la même manière que la poignée précédente. — N° 3 et 4, boutons d'un modèle différent ; les tiges de ces objets sont en fer. — N° 5, angle de meuble, composé de trois branches dont les entre-deux sont ornés de dessins à jour ; ces ornements de meubles ou de coffrets ont été rencontrés assez souvent dans les fouilles de la forêt, notamment au Mont-Berny. — N° 6, plaque en bronze ornée de deux rosaces repoussées sur le métal très mince : cette plaque doit provenir de l'ornementation d'un meuble.

Sculptures du Temple de Champlieu

PLANCHE XVIII

Bas-relief formant pilastre d'angle, composé de trois assises et représentant, d'après l'explication qui en a été donnée, en 1858, par . Peigné-Delacourt : *Cérès et le jeune Demophon*. La déesse est couronnée d'épis, l'enfant est renversé, ses cheveux touchent un brasier auquel elle le présente, pour le rendre immortel. Le bras droit de la déesse manque.

PLANCHE XIX

Autre bas-relief formant pilastre d'angle, composé également de trois assises et représentant *Apollon*. Le dieu, la tête couronnée, est debout, portant la chlamyde attachée sur l'épaule gauche par une fibule ; son bras gauche est appuyé sur un autel, au-dessus duquel s'envole une colombe.

PLANCHE XX

Autre bas-relief formant pilastre d'angle, composé seulement de deux assises ; l'assise supérieure qui manque donnait la tête du personnage représentant *Actéon* armé de son arc. On aperçoit, à la base du socle, le haut de la figure d'un autre personnage ; sur le côté, à droite du bas-relief, sont des ornements à feuilles d'acanthe, ainsi que l'amorce d'une colonne engagée, ornée de feuilles de laurier.

PLANCHE XXI

Autre bas-relief d'angle, composé également de deux assises et représentant *Mithras* armé de son couteau. Le taureau qu'il doit immoler manque à la scène.

PLANCHE XXII.

Autre bas-relief d'angle, composé d'une seule assise, représentant une Bacchante vue de dos ; la figure est de profil, sa chevelure est roulée

autour du front ; elle soutient les plis d'un *peplum* sur l'avant-bras droit
et porte un thyrse de l'autre bras. Ce fragment de sculpture est le plus
beau, comme exécution, de tout l'ensemble des bas-reliefs du temple.

PLANCHE XXIII

Autre bas-relief d'angle, composé de trois assises, y compris la base
du socle à moulures ornées, et représentant un ensemble d'ornements
en forme de rosaces : à gauche, on voit l'amorce d'une colonne engagée.

PLANCHE XXIV

Chapiteau de style corinthien, orné de feuilles d'acanthe. Ce chapiteau couronnait un pilastre engagé.

PLANCHE XXV

Divers fragments de frontons ornés de sculptures, dont un de forme
circulaire. Les figures représentent des griffons ou dauphins.

PLANCHE XXVI

Quatre morceaux de frise, dont les motifs de sculptures figurent des
génies montés sur des dauphins et un triton (morceau n° 2).

---

*Tous les dessins reproduits sur les planches XVIII à XXVI
sont au dixième de la grandeur réelle.*

TABLE GÉNÉRALE DES MATIÈRES

DES QUATRE FASCICULES PARUS JUSQU'A CE JOUR

Compiègne. — Imp. du Progrès de l'Oise

SOCIÉTÉ HISTORIQUE DE COMPIÈGNE

FOUILLES ARCHÉOLOGIQUES EXÉCUTÉES DANS LA PLAINE DE CHAMPLIEU
ET PRÈS DU CARREFOUR DES TOURNELLES (Forêt de Compiègne).

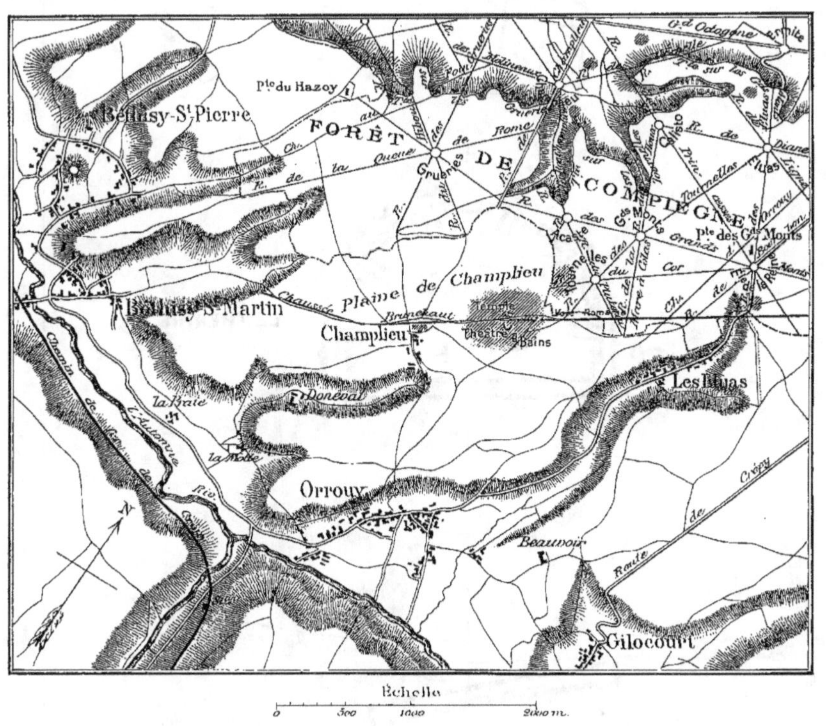

Les parties teintées en rouge indiquent les emplacements
antiques découverts et mis à jour de 1850 à 1870

SOCIÉTÉ HISTORIQUE DE COMPIÈGNE

FOUILLES ARCHÉOLOGIQUES EXÉCUTÉES DANS LA PLAINE DE CHAMPLIEU

PLAN D'ENSEMBLE DES RUINES DES MONUMENTS GALLO-ROMAINS DÉCOUVERTS SUR LE PLATEAU CULTIVÉ DE CHAMPLIEU, COMPRENANT : UN TEMPLE, UN THÉATRE ET DES THERMES

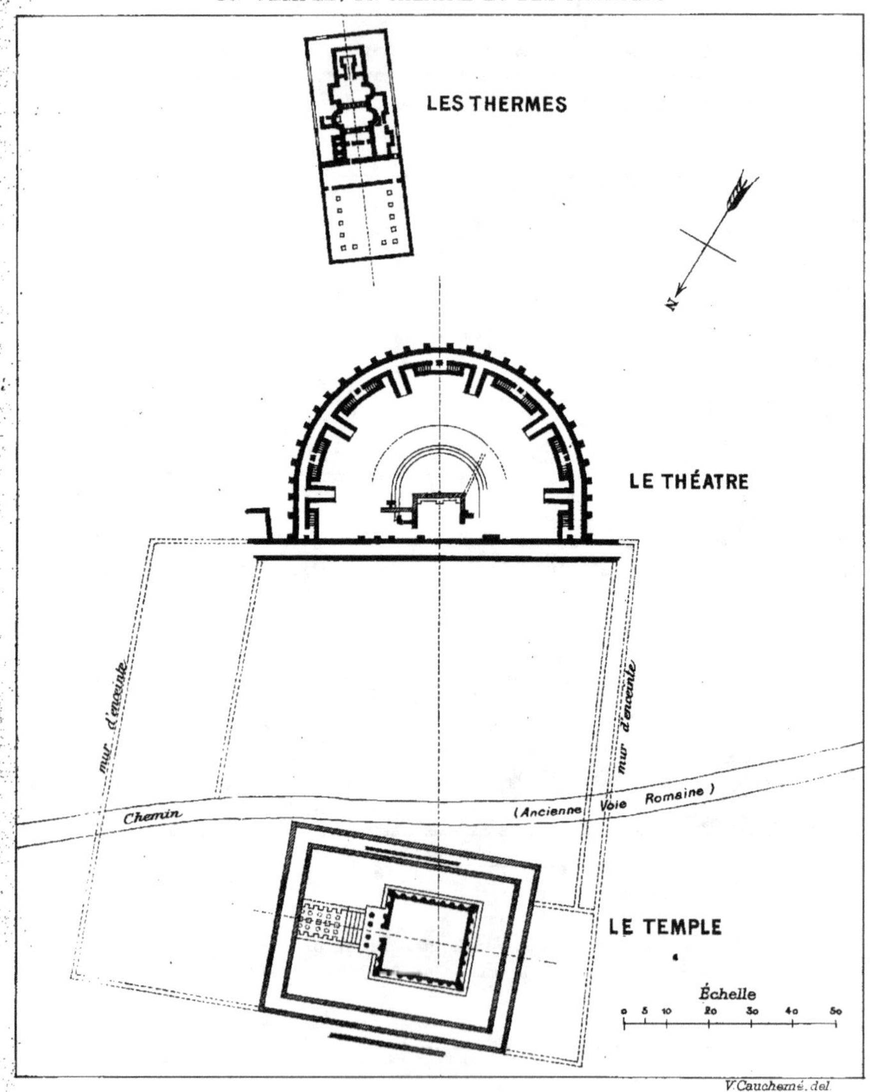

V. Cauchemé, del.

SOCIÉTÉ HISTORIQUE DE COMPIÈGNE

FOUILLES ARCHÉOLOGIQUES EXÉCUTÉES DANS LA PLAINE DE CHAMPLIEU

PLAN DES THERMES DE CHAMPLIEU

LÉGENDE

La construction de l'ensemble de l'établissement des Bains antiques à air chaud est en maçonnerie de pierre de petits appareils, avec enduit sur les surfaces apparentes. On remarquait sur plusieurs parties de cet enduit, à l'intérieur des salles, des traces d'ornements peints.

A. — Entrée des Bains (**Atrium**), composée d'une grande cour carrée avec portique orné de colonnes en pierre. Toutes les bases des 12 colonnes ont été rencontrées dans le sol.

B. — Salle faisant suite au Portique avec 2 entrées dans l'axe des galeries. Les murs sont construits en pierre de petit appareil, le sol est en béton de ciment. Quelques traces de caniveaux en pierre ont été rencontrées dans le sol en béton. Au moment de l'exploration le seuil de la porte d'entrée des bains était garni de deux marches en pierre avec dallage. Aux extrémités de cette salle, 2 accès étaient ménagés pour le service des cours.

C. — Pièce avec sol en béton recouvert d'un dallage de 0.04 d'épaisseur, (dalles en lias de Senlis). Plusieurs parties des murs étaient recouvertes d'enduit avec traces de peinture. Un massif ou banc en maçonnerie était établi le long du mur à gauche de l'entrée.

Quelques morceaux de dalles en marbre ont été rencontrés dans les décombres.

D. — Autre pièce en dallage id. à la pièce précédente. Même remarque d'enduit sur les murs.

A gauche des deux pièces ci-dessus, existe un fort massif en maçonnerie dans lequel sont établies trois cuves ou baignoires, deux rectangulaires et une demi-circulaire, le tout enduit en ciment avec conduit pour écoulement des eaux.

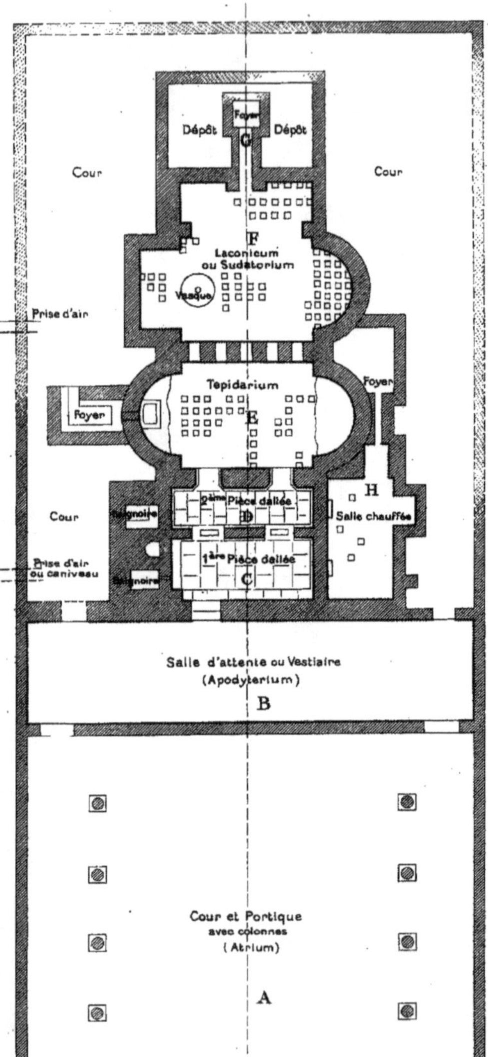

V. Cauchemé, del.

E. — Pièce avec sous-sol chauffé (**Tépidarium**). Toute la partie en sous-sol était garnie de petites piles en briques ou carreaux de terre cuite de 0.20 de côté. Ces piles supportaient un plancher en béton avec enduit revêtu d'une couche de stuc. Dans les deux parties circulaires de cette pièce le plancher en béton était encore conservé.

A gauche il existe un bassin ou baignoire rectangulaire établi en ciment. Ce bassin était chauffé spécialement au moyen d'un foyer dont l'entrée donnait sur la cour.

Le long des murs il a été trouvé des tiges en fer à la hauteur du plancher. Chacune de ces tiges était garnie d'un petit tube en terre cuite.

F. — Autre pièce avec sous-sol chauffé comme à la pièce précédente (**Sudatorium**). Sur les murs, plusieurs parties d'enduit avec traces de peintures décoratives.

Parmi les substructions il a été trouvé une grande Vasque en pierre dure de 1^m60 de diamètre. Un petit tube en bronze à usage de jet d'eau a été également rencontré dans les décombres.

G. — Foyer principal de l'hypocauste, construit en matériaux de pierre et brique, le tout en grande partie atteint par le feu.

De chaque côté du foyer un magasin était réservé pour les dépôts de combustible. Toute cette partie de construction était en très mauvais état.

H. — Pièce avec sous-sol chauffé, plusieurs piles en brique destinées à supporter le plancher en maçonnerie ont été trouvées sur le sol. Un foyer spécial était construit pour chauffer cette pièce.

Les travaux d'exploration pour la mise à découvert de ces Bains antiques ont été exécutés de 1863 à 1868.

SOCIÉTÉ HISTORIQUE DE COMPIÈGNE

FOUILLES ARCHÉOLOGIQUES EXÉCUTÉES DANS LA PLAINE DE CHAMPLIEU
A L'ÉTABLISSEMENT DES BAINS ANTIQUES

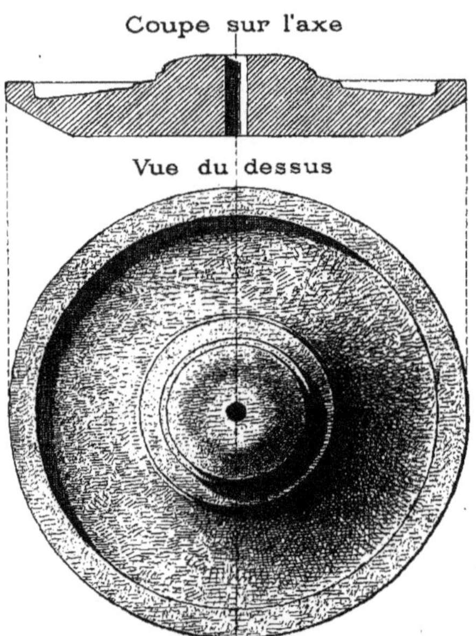

SOCIÉTÉ HISTORIQUE DE COMPIÈGNE

FOUILLES ARCHÉOLOGIQUES EXÉCUTÉES DANS LA PLAINE DE CHAMPLIEU
AUX ABORDS DU THÉATRE ET DE L'ÉTABLISSEMENT DES BAINS

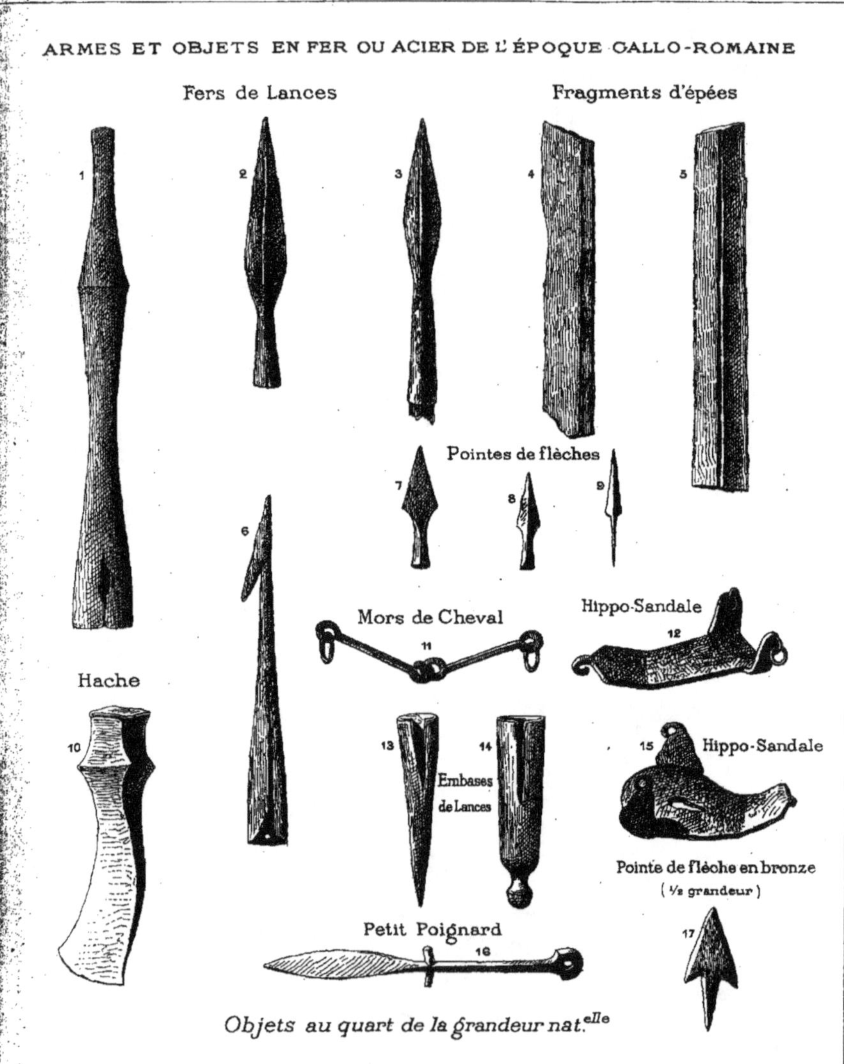

SOCIÉTÉ HISTORIQUE DE COMPIÈGNE

FOUILLES ARCHÉOLOGIQUES EXÉCUTÉES DANS LA PLAINE DE CHAMPLIEU
AUX ABORDS DE L'ÉTABLISSEMENT DES BAINS ANTIQUES

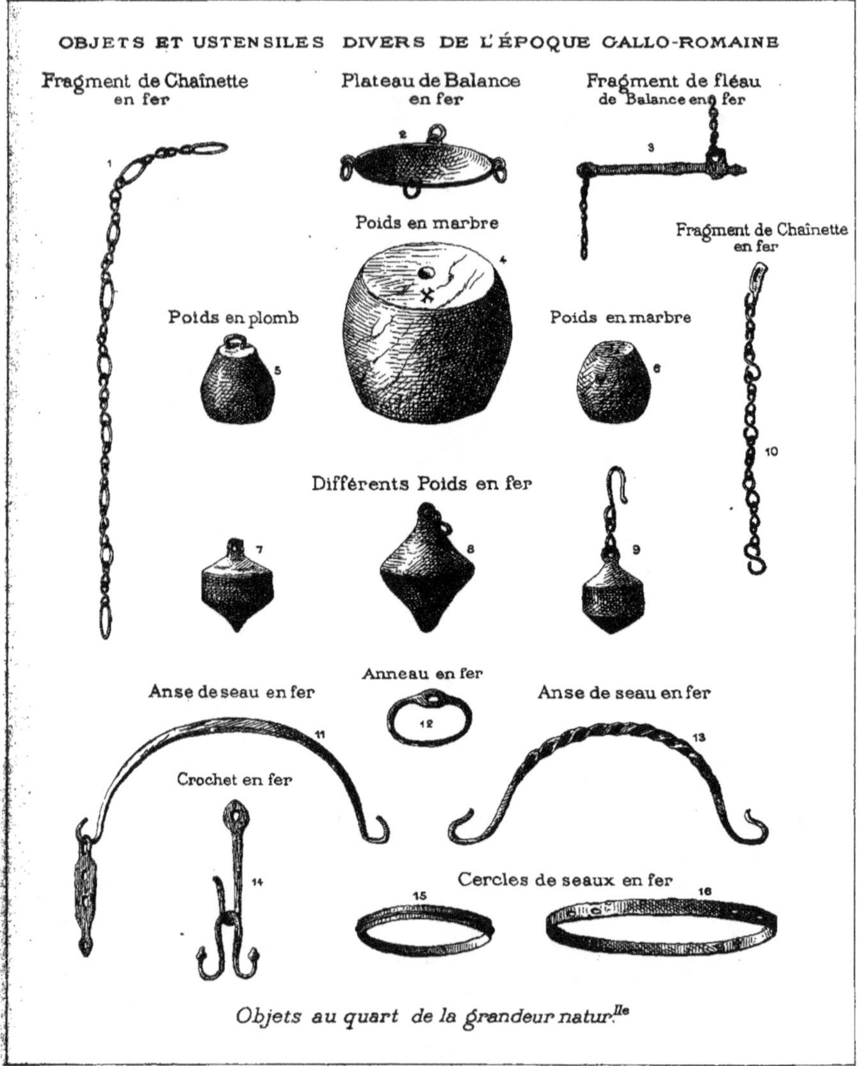

V. Cauchemé, del.

SOCIÉTÉ HISTORIQUE DE COMPIÈGNE

FOUILLES ARCHÉOLOGIQUES EXÉCUTÉES DANS LA PLAINE DE CHAMPLIEU
AUX ABORDS DE L'ÉTABLISSEMENT DES BAINS ANTIQUES

SOCIÉTÉ HISTORIQUE DE COMPIÈGNE

F... LES ARCHÉOLOGIQUES EXÉCUTÉES DANS LA PLAINE DE CHAMPLIEU
AUX ABORDS DE L'ÉTABLISSEMENT DES BAINS ANTIQUES

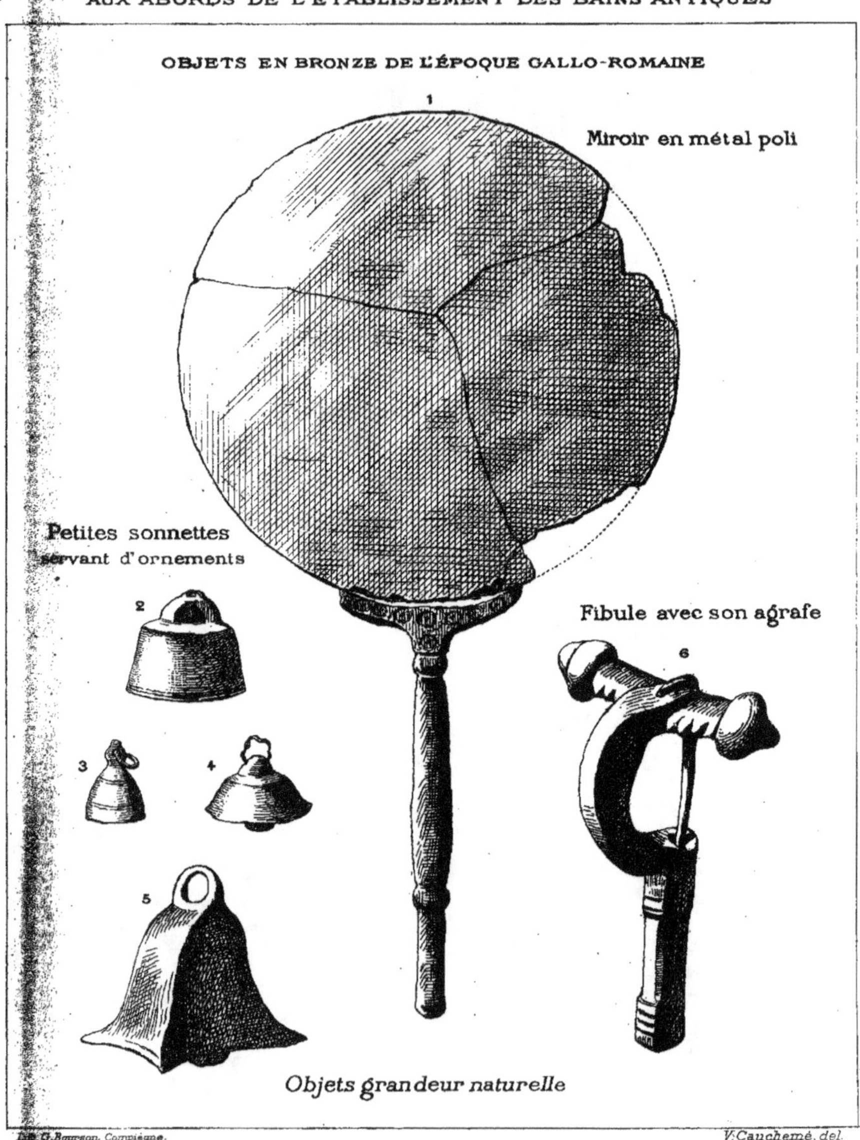

SOCIÉTÉ HISTORIQUE DE COMPIÈGNE

FOUILLES ARCHÉOLOGIQUES EXÉCUTÉES DANS LA PLAINE DE CHAMPLIEU

AUX ABORDS DE L'ÉTABLISSEMENT DES BAINS ANTIQUES

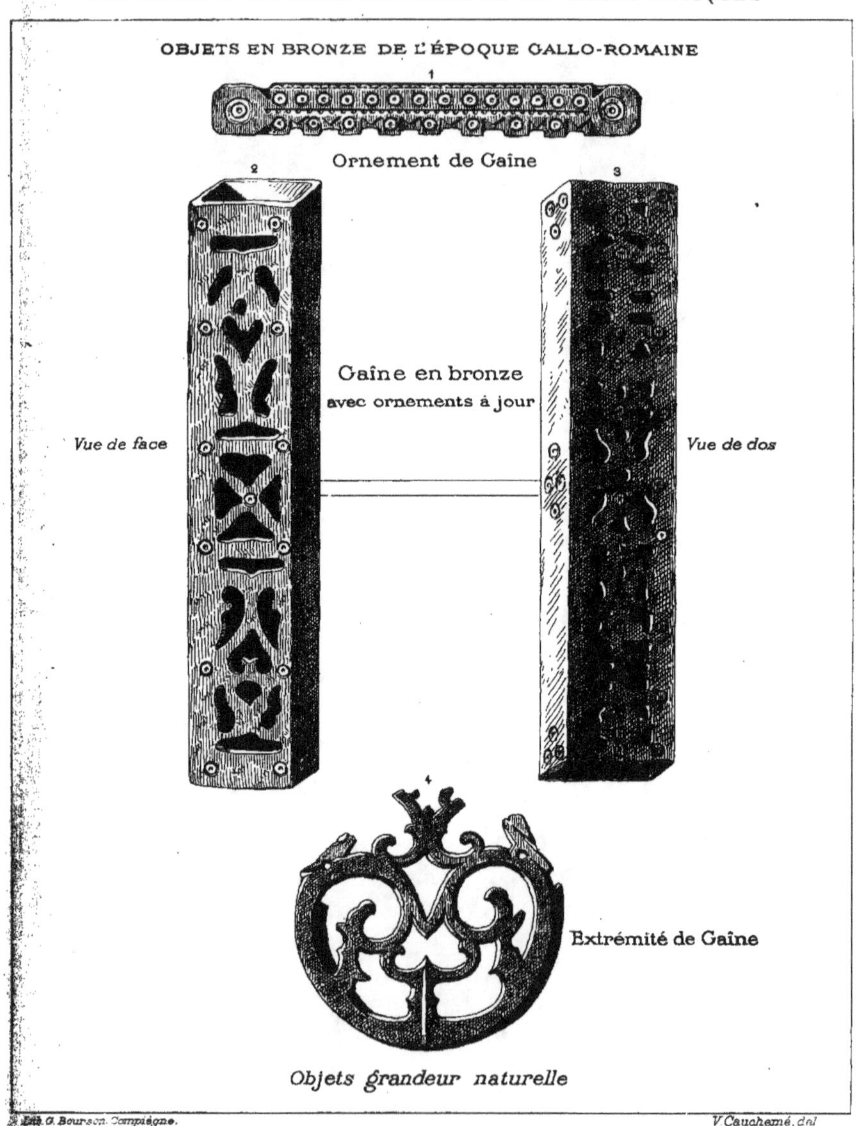

V. Cauchemé. del

SOCIÉTÉ HISTORIQUE DE COMPIÈGNE

Fouilles Archéologiques exécutées dans la Forêt de Compiègne

VUE DES RUINES DU SACELLUM DÉCOUVERT EN 1862
PRÈS LE CARREFOUR DES TOURNELLES, FORÊT DE COMPIÈGNE,
AUX ABORDS DU PLATEAU CULTIVÉ DE CHAMPLIEU, Cᵐᵉ D'ORROUY (Oise).

D'après un croquis relevé en 1862.   V. Cauchemé, del.

Ce monument présentait, au moment de son exploration, des restes de construction en bon état avec petit et grand appareils de pierres parfaitement taillées; sur plusieurs parties de murs, des enduits peints avec ornements étaient bien conservés.

Des débris des colonnes, chapiteaux et pilastres étaient mélangés parmi les substructions. Quelques fragments de sculptures en pierre ont été rencontrés dans les fouilles, à proximité du centre du Sacellum.

SOCIÉTÉ HISTORIQUE DE COMPIÈGNE

FOUILLES ARCHÉOLOGIQUES EXÉCUTÉES DANS LA FORÊT DE COMPIÈGNE
AU LIEU-DIT LES TOURNELLES, AUX ABORDS DU PLATEAU DE CHAMPLIEU

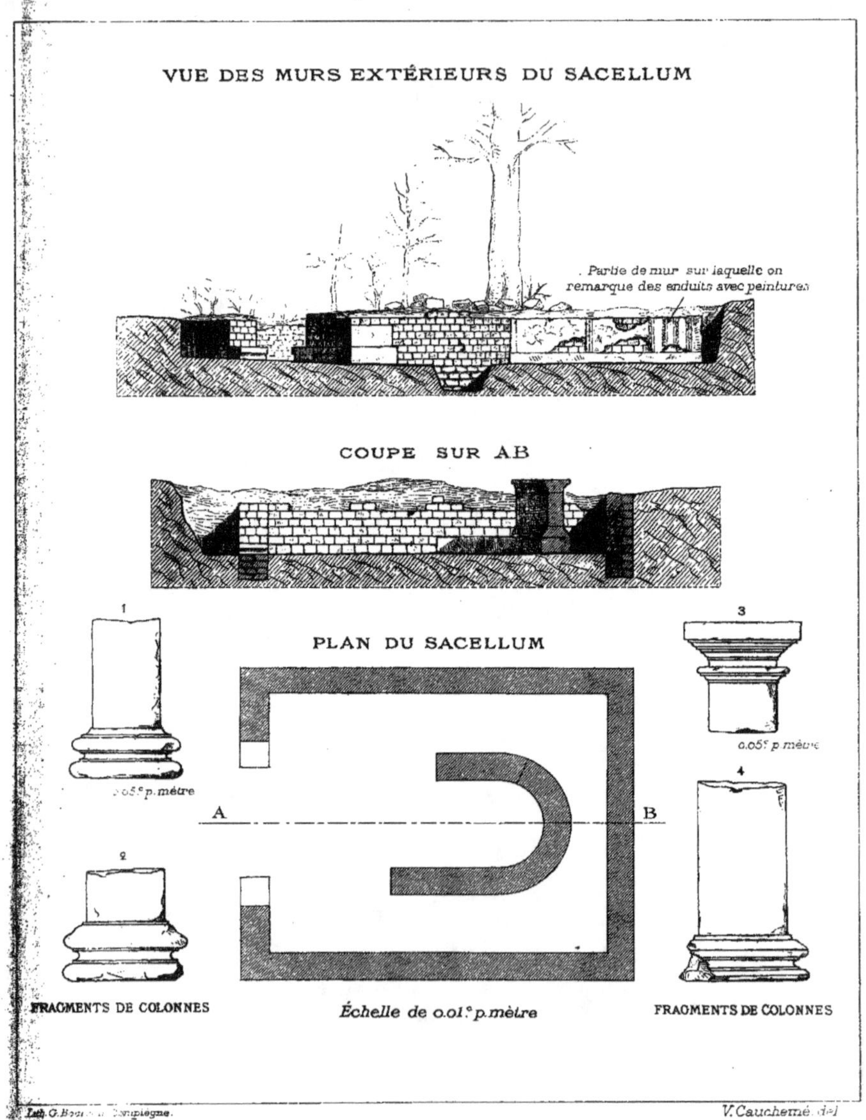

V. Cauchemé del

SOCIÉTÉ HISTORIQUE DE COMPIÈGNE

FOUILLES ARCHÉOLOGIQUES EXÉCUTÉES DANS LA FORÊT DE COMPIÈGNE
AU LIEU-DIT LES TOURNELLES, AUX ABORDS DU PLATEAU DE CHAMPLIEU

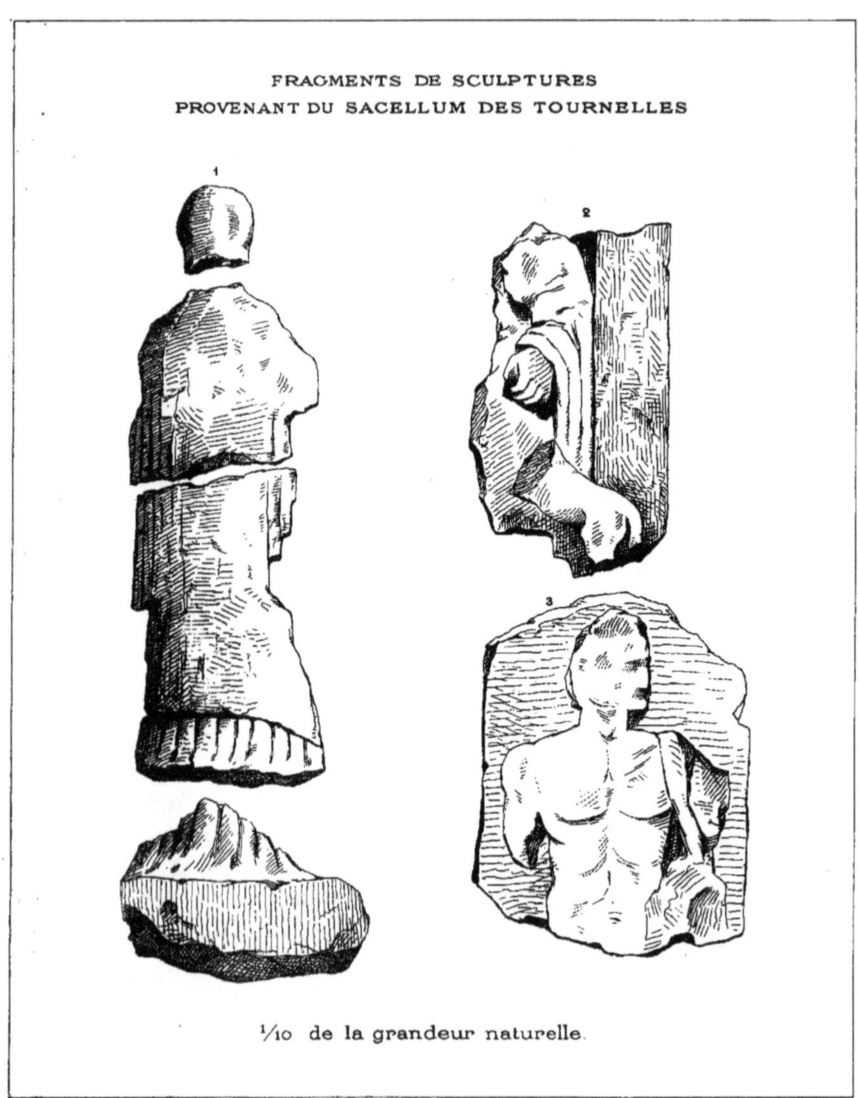

SOCIÉTÉ HISTORIQUE DE COMPIÈGNE

FOUILLES ARCHÉOLOGIQUES EXÉCUTÉES DANS LA FORÊT DE COMPIÈGNE
AU LIEU-DIT LES TOURNELLES, AUX ABORDS DU PLATEAU DE CHAMPLIEU

STATUETTES ET FRAGMENTS EN TERRE CUITE DE L'ÉPOQUE GALLO-ROMAINE

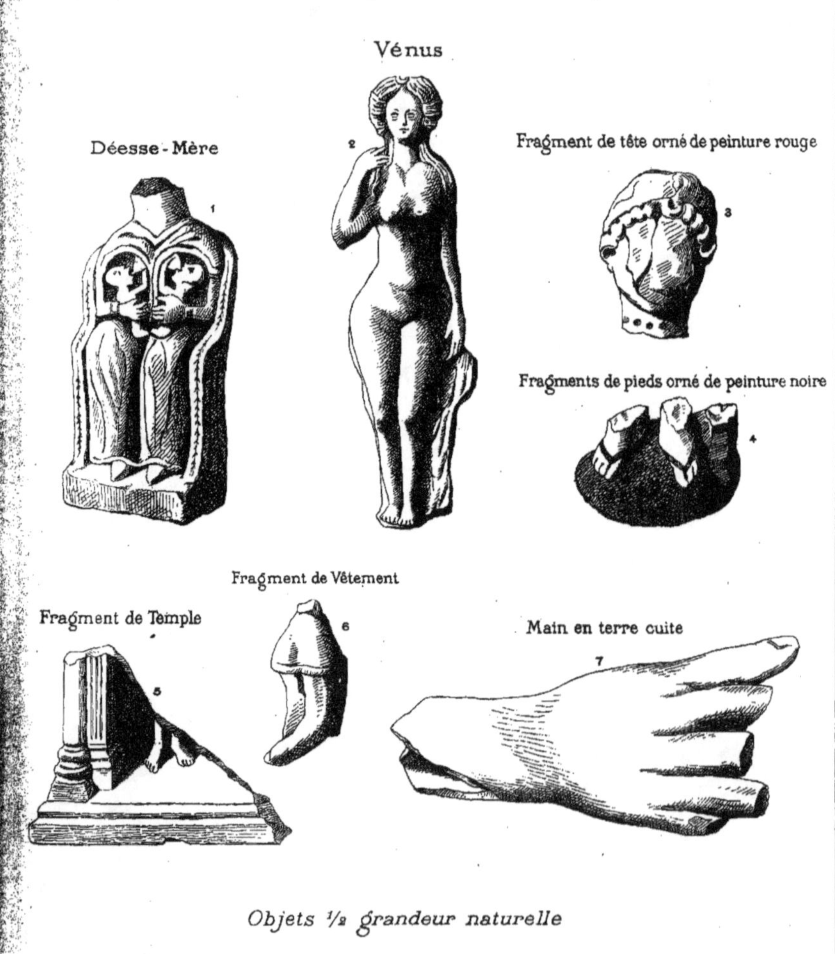

Objets ½ grandeur naturelle

SOCIÉTÉ HISTORIQUE DE COMPIÈGNE

FOUILLES ARCHÉOLOGIQUES EXÉCUTÉES DANS LA FORÊT DE COMPIÈGNE
AU LIEU DIT LES TOURNELLES, AUX ABORDS DE LA PLAINE DE CHAMPLIEU

V. Cauchemé, del.

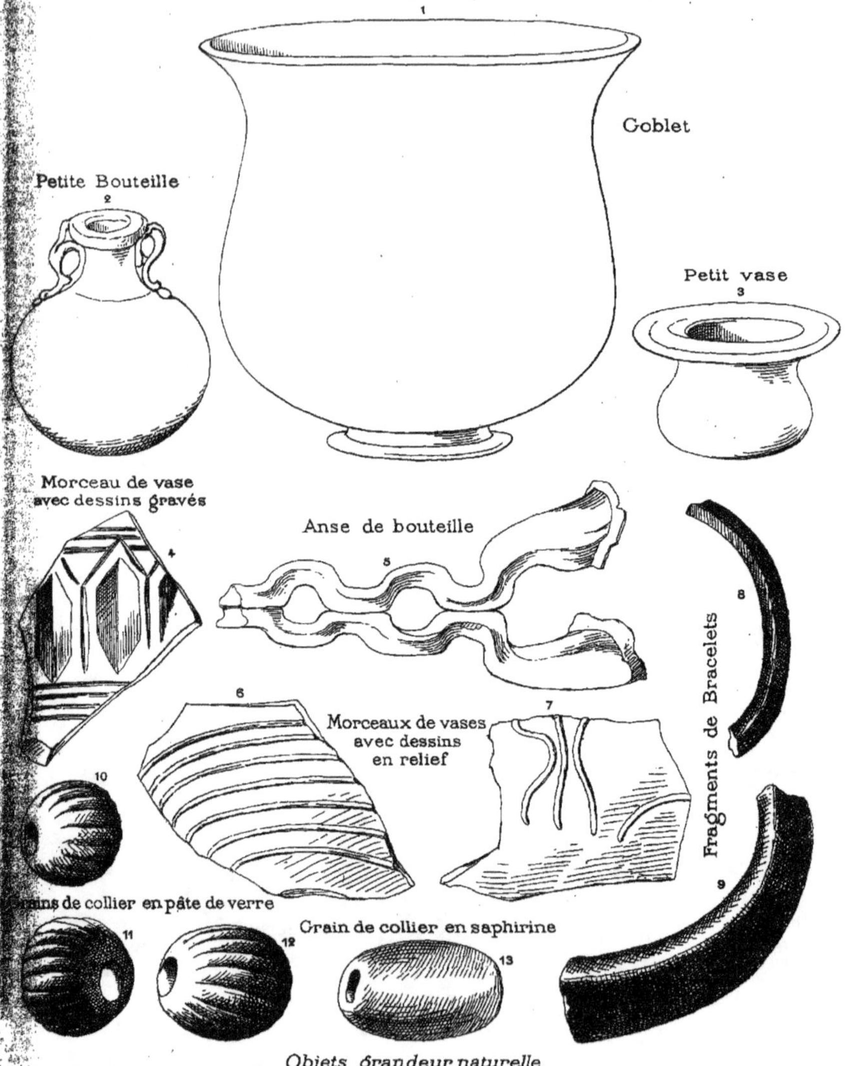

PL.XV
SOCIÉTÉ HISTORIQUE DE COMPIÈGNE
FOUILLES ARCHÉOLOGIQUES EXÉCUTÉES DANS LA FORÊT DE COMPIÈGNE
LIEU-DIT LES TOURNELLES, AUX ABORDS DU PLATEAU DE CHAMPLIEU
OBJETS EN VERRE DE L'ÉPOQUE GALLO-ROMAINE
1
Goblet
Petite Bouteille
2
Petit vase
3
Morceau de vase
avec dessins gravés
4
Anse de bouteille
5
8
Fragments de Bracelets
6
Morceaux de vases
avec dessins
en relief
7
10
9
Grains de collier en pâte de verre
Grain de collier en saphirine
11
12
13
Objets grandeur naturelle
G.Bourson Compiègne.
V.Cauchemé, del

SOCIÉTÉ HISTORIQUE DE COMPIÈGNE

FOUILLES ARCHÉOLOGIQUES EXÉCUTÉES DANS LA FORÊT DE COMPIÈGNE
AU LIEU-DIT LES TOURNELLES, AUX ABORDS DU PLATEAU DE CHAMPLIEU

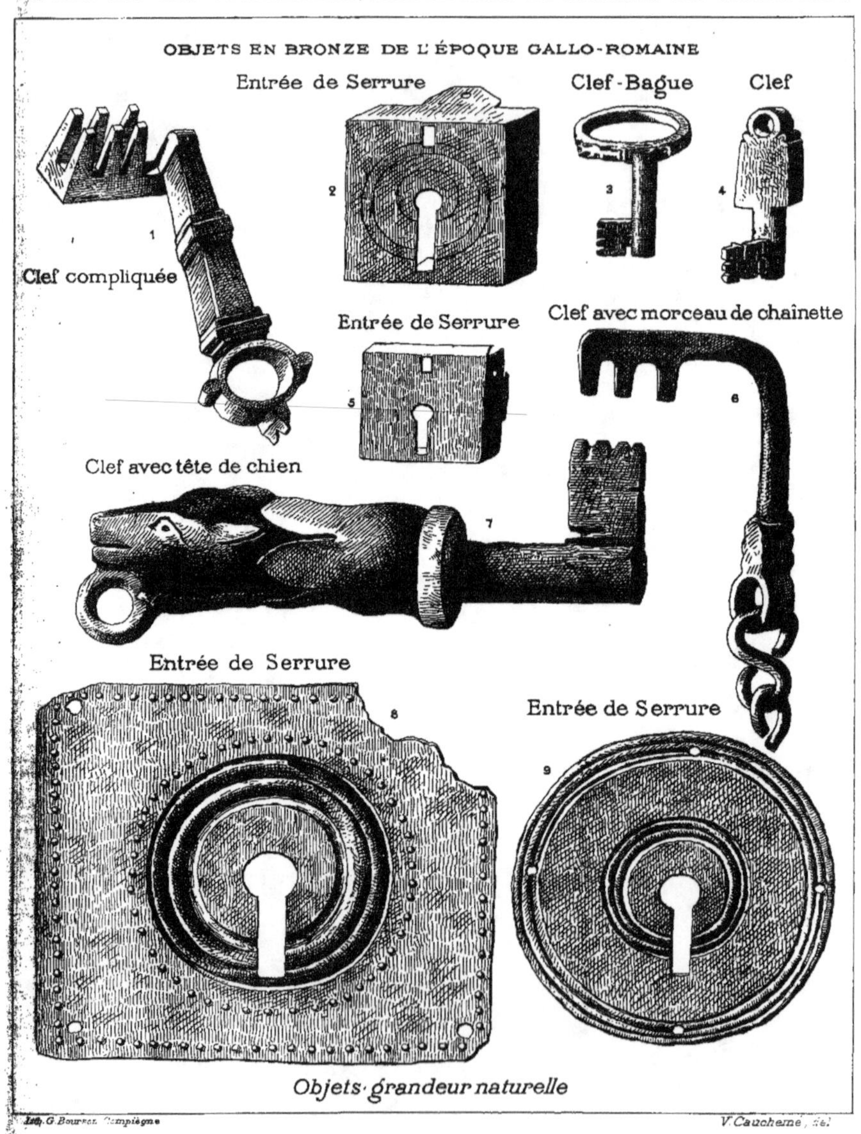

SOCIÉTÉ HISTORIQUE DE COMPIÈGNE

F LES ARCHÉOLOGIQUES EXÉCUTÉES DANS LA FORÊT DE COMPIÈGNE

LIEU-DIT LES TOURNELLES, AUX ABORDS DU PLATEAU DE CHAMPLIEU

OBJETS EN BRONZE DE L'ÉPOQUE GALLO-ROMAINE

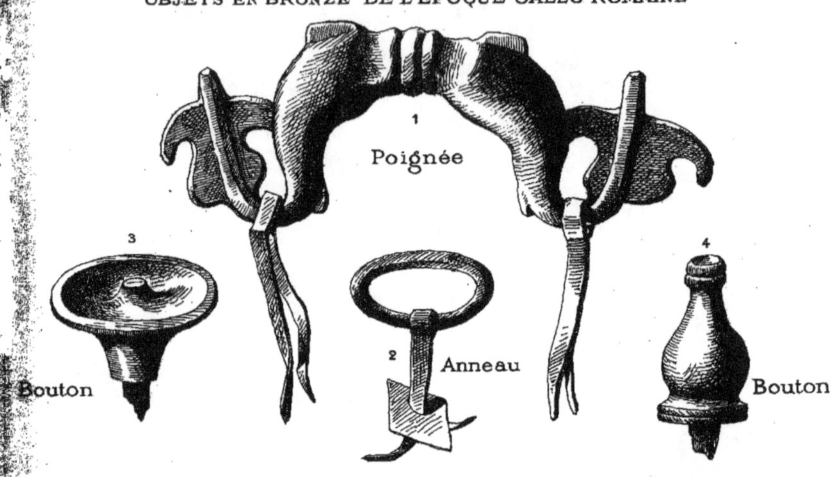

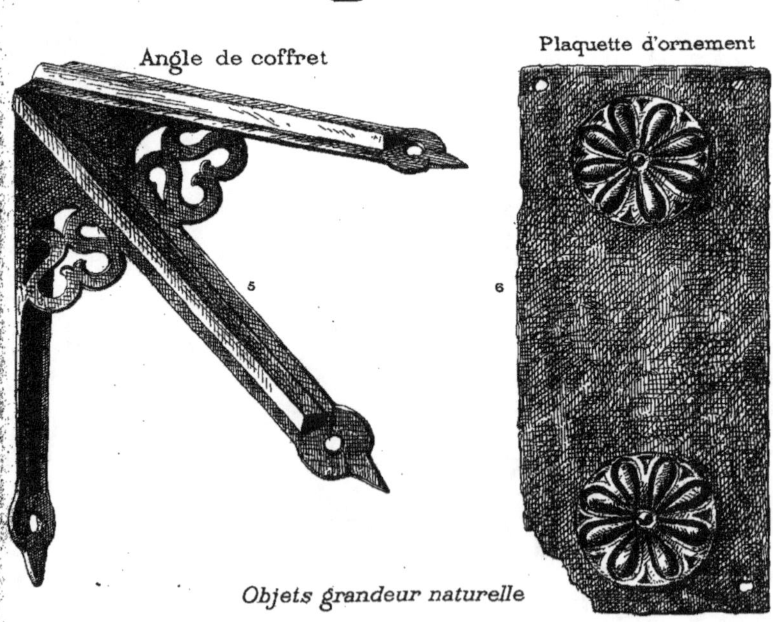

Objets grandeur naturelle

G.Bourson. Compiègne

V. Cauchemé, del.

SOCIÉTÉ HISTORIQUE DE COMPIÈGNE

FOUILLES ARCHÉOLOGIQUES EXÉCUTÉES DANS LA PLAINE DE CHAMPLIEU

FRAGMENTS DE SCULPTURES EN PIERRE DÉCOUVERTS EN 1850 DANS LES FOUILLES DU TEMPLE

Lith. C. Bourson. Compiègne

D'apr. Croquis relevés en Avril 1850 par M. Marneuf.

V. Cauchemé. del.

SOCIÉTÉ HISTORIQUE DE COMPIÈGNE

FOUILLES ARCHÉOLOGIQUES EXÉCUTÉES DANS LA PLAINE DE CHAMPLIEU

FRAGMENTS DE SCULPTURES EN PIERRE DÉCOUVERTS EN 1850
DANS LES FOUILLES DU TEMPLE

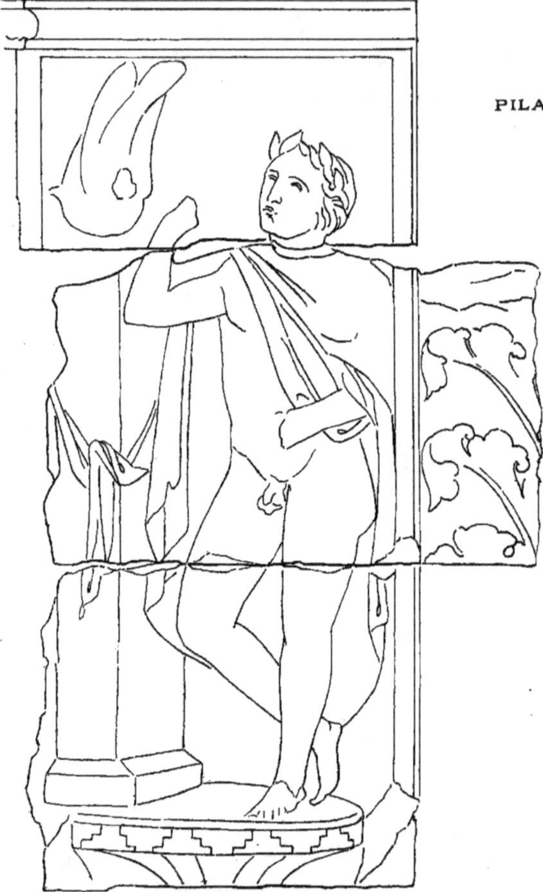

Au 10ème de la grandeur réelle

D'après les Croquis relevés en Avril 1850 par M. Marneuf.

V. Cauchemé, del.

Lith. G.Bourson, Compiègne.

SOCIÉTÉ HISTORIQUE DE COMPIÈGNE

FOUILLES ARCHÉOLOGIQUES EXÉCUTÉES DANS LA PLAINE DE CHAMPLIEU

FRAGMENTS DE SCULPTURES EN PIERRE DÉCOUVERTS EN 1850
DANS LES FOUILLES DU TEMPLE

PILASTRE D'ANGLE

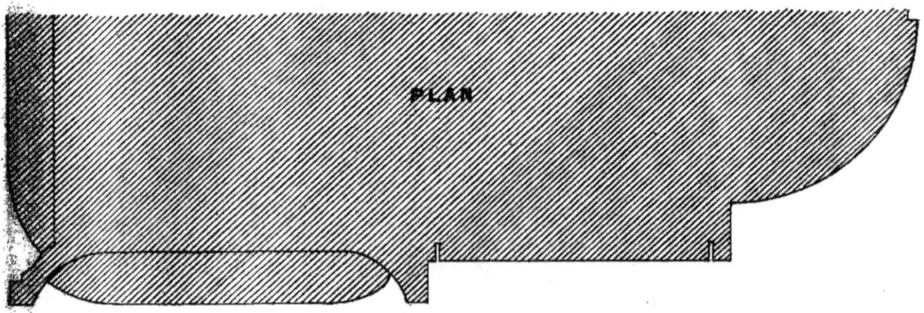

Au 10ème de la grandeur réelle

D'après les Croquis relevés en Avril 1850 par M. Marneuf.

V. Cauchemé, del.

SOCIÉTÉ HISTORIQUE DE COMPIÈGNE

...ILLES ARCHÉOLOGIQUES EXÉCUTÉES DANS LA PLAINE DE CHAMPLIEU

FRAGMENTS DE SCULPTURES EN PIERRE DÉCOUVERTS EN 1850 DANS LES FOUILLES DU TEMPLE

PILASTRE D'ANGLE

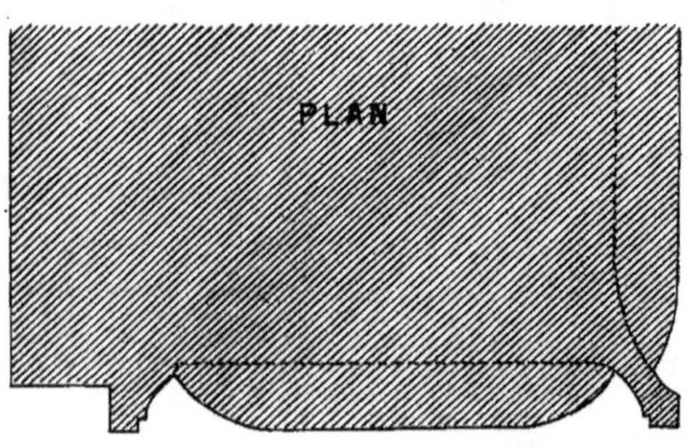

Au 10ème de la grandeur réelle

V. Cauchemé, del.

SOCIÉTÉ HISTORIQUE DE COMPIÈGNE

LLES ARCHÉOLOGIQUES EXÉCUTÉES DANS LA PLAINE DE CHAMPLIEU

FRAGMENT DE SCULPTURE EN PIERRE DÉCOUVERT EN 1850
DANS LES FOUILLES DU TEMPLE

PILASTRE D'ANGLE

Au 10ème de la grandeur réelle

les Croquis relevés en Avril 1850 par M. Marneuf.

V. Cauchemé, del.

Lith. G. Bourson. Compiègne.

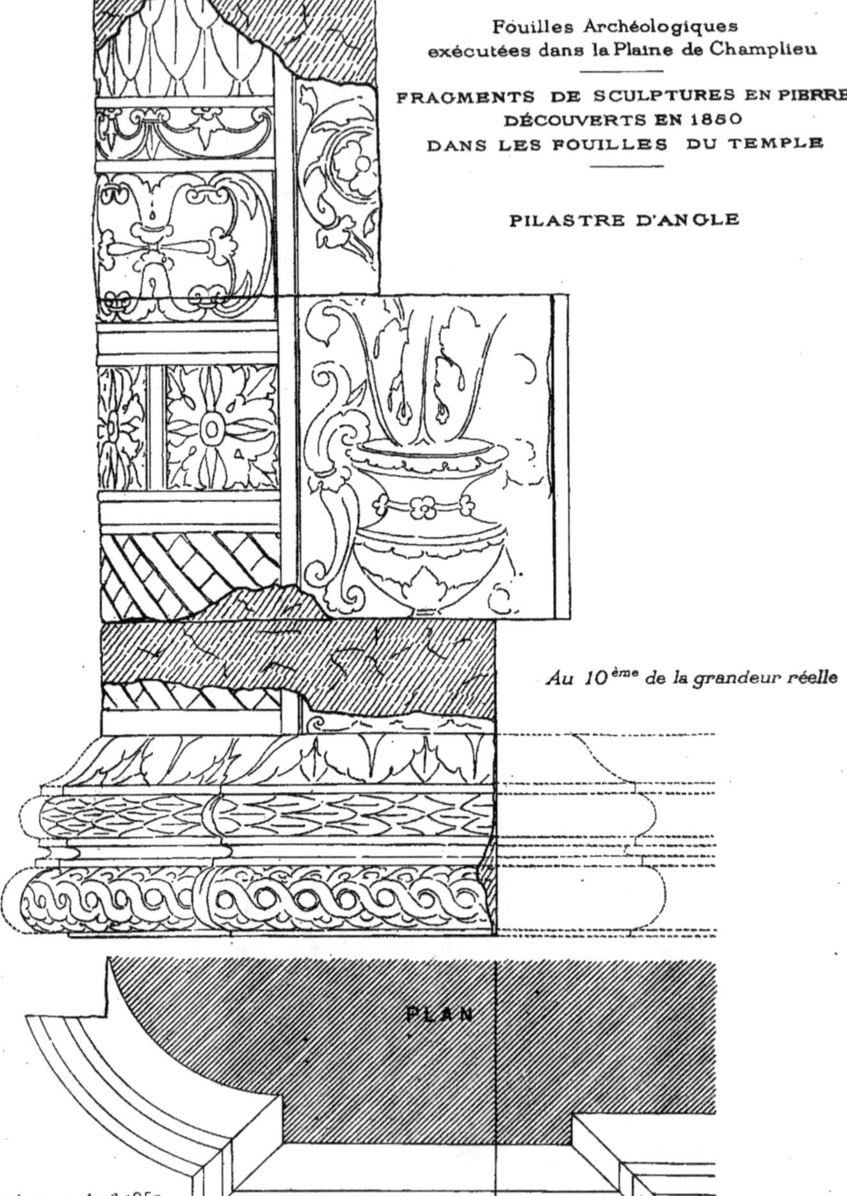
SOCIÉTÉ HISTORIQUE DE COMPIÈGNE
Fouilles Archéologiques
exécutées dans la Plaine de Champlieu
FRAGMENTS DE SCULPTURES EN PIERRE
DÉCOUVERTS EN 1850
DANS LES FOUILLES DU TEMPLE
PILASTRE D'ANGLE
Au 10ème de la grandeur réelle
PLAN
'après les
par M.
relevés en Avril 1850
V. Cauchemé, del.

SOCIÉTÉ HISTORIQUE DE COMPIÈGNE

ILLES ARCHÉOLOGIQUES EXÉCUTÉES DANS LA PLAINE DE CHAMPLIEU

FRAGMENT DE SCULPTURE EN PIERRE DÉCOUVERT EN 1850
DANS LES FOUILLES DU TEMPLE

CHAPITEAU ACCOLÉ

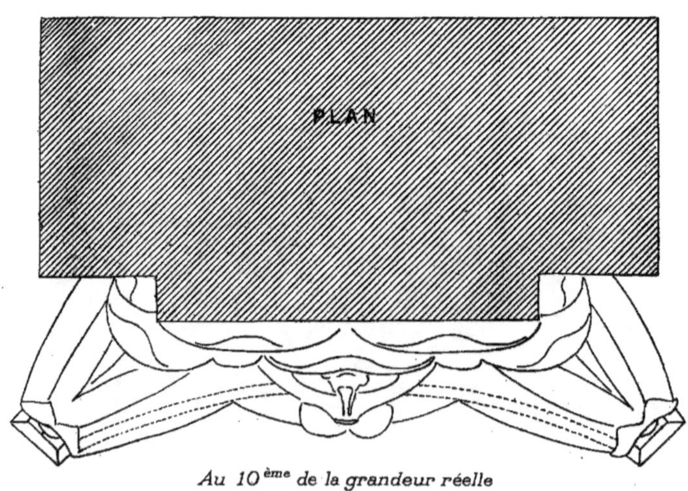

Au 10ᵉᵐᵉ de la grandeur réelle

s les *Croquis* relevés en *Avril 1850 par M. Marneuf.*   *V. Cauchemé, del.*

SOCIÉTÉ HISTORIQUE DE COMPIÈGNE

FOUILLES ARCHÉOLOGIQUES EXÉCUTÉES DANS LA PLAINE DE CHAMPLIEU

FRAGMENTS DE SCULPTURES EN PIERRE DÉCOUVERTS EN 1850
DANS LES FOUILLES DU TEMPLE

MORCEAUX DE FRONTONS

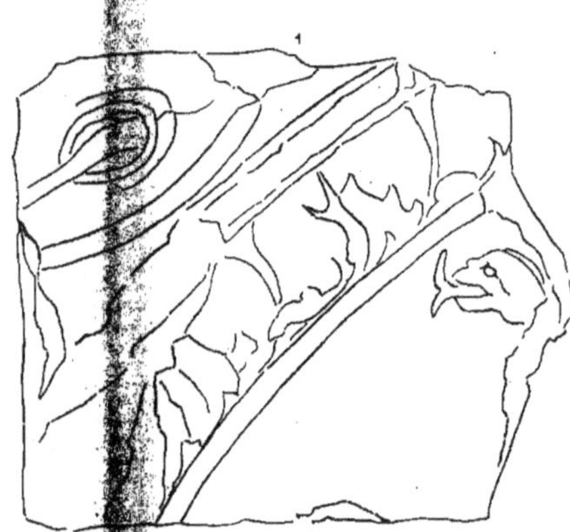

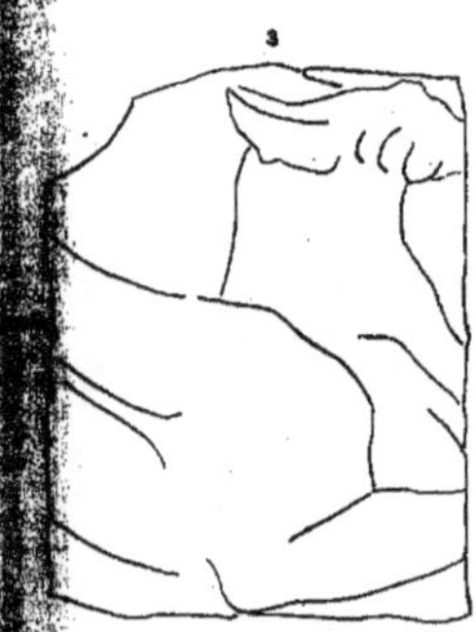

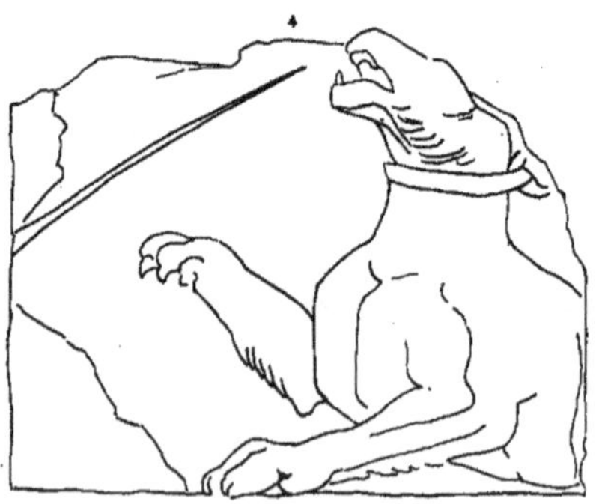

Au 10ᵉᵐᵉ de la grandeur réelle

D'après les croquis relevés en Avril 1850 par M. Marneuf.

V. Cauchemé. del.

Lith. G. Bourson. Compiègne.

SOCIÉTÉ HISTORIQUE DE COMPIÈGNE

...LLES ARCHÉOLOGIQUES EXÉCUTÉES DANS LA PLAINE DE CHAMPLIEU

FRAGMENTS DE SCULPTURES EN PIERRE DÉCOUVERTS EN 1850 DANS LES FOUILLES DU TEMPLE

MORCEAUX DE FRISE

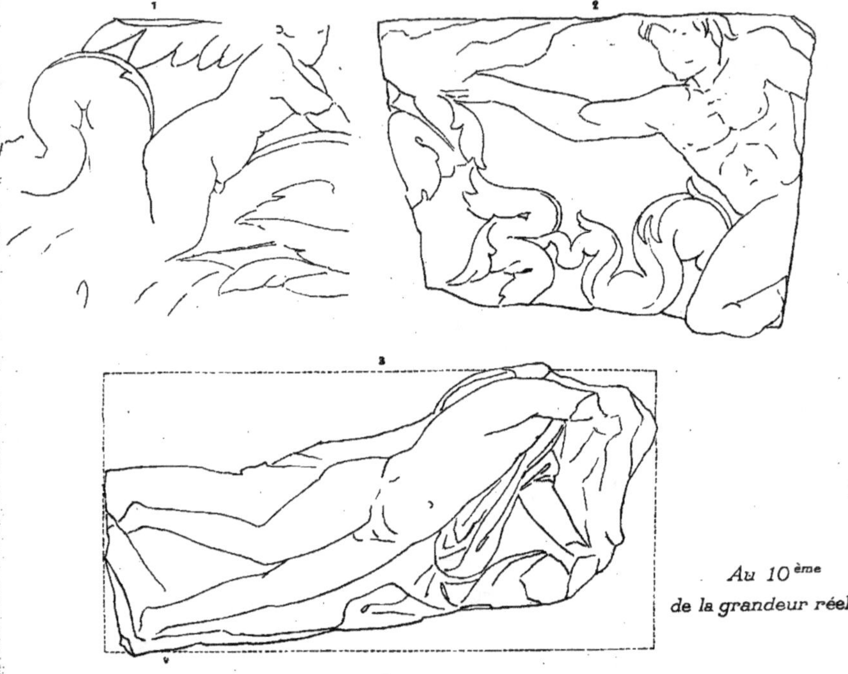

Au 10ème de la grandeur réelle

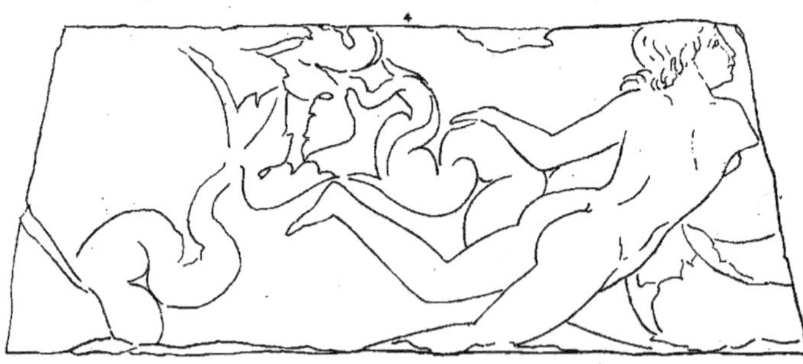

...ès les Croquis relevés en Avril 1850 par M. Marneuf.

V. Cauchemé, del.

COMPIÈGNE

IMPRIMERIE DU PROGRÈS DE L'OISE

17, RUE PIERRE-SAUVAGE, 17